«Словар … ня.

Готовы у …

О. Д. Ушакова

ПРАВИЛА РУССКОГО ЯЗЫКА

Орфограммы для учащихся 1–6 классов

Издание исправленное и дополненное

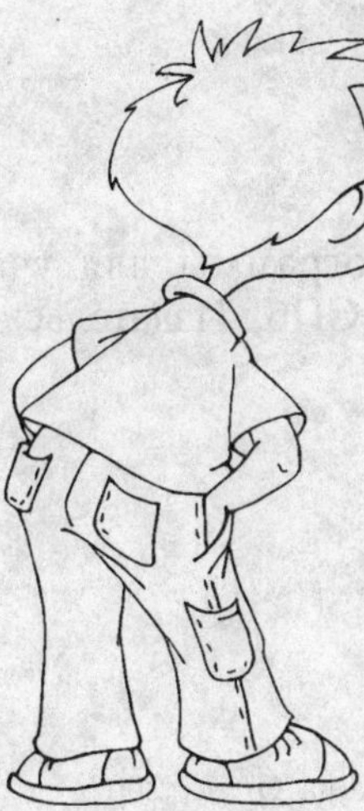

санкт-петербург
·2010·
издательский дом ЛИТЕРА

ББК 81.2Р-4
У93

Ушакова О. Д.

У93 Правила русского языка: Орфограммы для учащихся 1—6 классов. — Изд. испр. и доп. — СПб.: Издательский Дом «Литера», 2010. — 96 с.

ISBN 978-5-94455-166-5

ISBN 978-5-94455-166-5

ФОНЕТИКА

Фонетика изучает звуки речи, которые мы произносим, когда говорим.

Слово **фонетика** произошло от греческого «фоне» — звук.

Слова, которые мы произносим и слышим, состоят из звуков, а слова, которые мы пишем или читаем, состоят из букв.

Звуки бывают **гласные** и **согласные.**

При обозначении звуков на письме используются буквы, которые заключаются в квадратные скобки; если нужно, ставится ударение, а с помощью апострофа обозначается мягкость согласного звука, например: **[а], [б], [б']** и т. д.

На письме звуки обозначаются буквами. Звуки мы произносим и слышим, а буквы пишем, видим и называем. Например, в слове *гол* звуки **[г], [о], [л],** а буквы **гэ, о, эл.** Буквы ***ь*** и ***ъ*** звуков не обозначают.

Гласные звуки

При произношении гласный звук не встречает преград.

Гласных звуков 6:
[а], [и], [о], [у], [ы], [э]
Гласных букв 10:
а, и, о, у, ы, э, е, ё, ю, я

В начале слова, после гласных букв и после ***ь, ъ*** гласные буквы ***е, ё, ю, я*** обозначают по 2 звука — **[й'э], [й'о], [й'у], [й'а]:**

*от**ъе**зд, **ё**жик, в**ью**га, па**я**льник*

После согласных букв буквы ***е, ё, ю, я*** обозначают мягкость согласного звука и гласные звуки **[э], [о], [у], [а]:**

*р**е**па, растр**ё**па, л**ю**лька, м**я**чик, раст**я**па*

Гласный звук образует слог:
у-гол (2 гласных — 2 слога)
о-пил-ки (3 гласных — 3 слога)
длин-но-но-гий (4 гласных — 4 слога)
ис-ко-па-е-мо-е (6 гласных — 6 слогов)

Гласные в безударных слогах называются **безударными,** гласные в ударных слогах называются **ударными.**

Согласные звуки

При произношении согласный звук встречает преграду: губы, зубы, язык.

Звонкие согласные звуки:
[б], [в], [г], [д], [ж], [з], [й’], [л], [м], [н], [р]
Глухие согласные звуки:
[к], [п], [с], [т], [ф], [х], [ц], [ч’], [ш], [щ’]
Согласных букв 21:
б, в, г, д, ж, з, й, к, л, м, н, п, р, с, т, ф, х, ц, ч, ш, щ

Согласные звуки образуют слог вместе с гласным звуком: *ма-га-зин, ба-ра-бан.*

Согласные звуки бывают **твёрдые** и **мягкие.** Большинство согласных звуков образуют пары [твёрдый] — [мягкий]:

[б] — [б’], [в] — [в’], [г] — [г’], [д] — [д’] и т. д.

У твёрдых согласных **[ж], [ш], [ц]** нет мягких аналогов, у мягких **[ч’], [щ’], [й’]** нет твёрдых аналогов. Твёрдость согласного звука обозначается на письме гласными буквами ***а, о, у, ы, э:*** *марш, борщ, лук, дым, Кэт,* а мягкость — гласными ***е, ё, и, ю, я*** и мягким знаком **ь:** *лебед**ь**, Стёпа, Дима, плюшка, мол**ь**.*

В русском языке есть парные и непарные согласные звуки.

Парные согласные звуки:

твёрдые

звонкие:	**[б]**	**[в]**	**[г]**	**[д]**	**[ж]**	**[з]**
глухие:	**[п]**	**[ф]**	**[к]**	**[т]**	**[ш]**	**[с]**

мягкие

звонкие:	**[б']**	**[в']**	**[г']**	**[д']**	**[з']**
глухие:	**[п']**	**[ф']**	**[к']**	**[т']**	**[с']**

Непарные согласные звуки:

звонкие: **[л] [м] [н] [р] [л'] [м'] [н'] [р'] [й']**
глухие: **[х] [х'] [ц] [ч'] [щ']**

Согласные звуки **[ж], [ч'], [ш], [щ']** называются **шипящими.**

Парный звонкий в конце слова заменяется при произношении парным глухим:
лоб (слышится *ло**п***), ***утюг*** (слышится *утю**к***)

Следует проверять слова с парными согласными в конце. Для проверки слово изменяется таким образом, чтобы после согласного появился гласный звук:

лоб** — **лбом**, **утюг** — **утюгом**, **год** — **годы

АЛФАВИТ

Алфавит состоит из букв, расположенных в строго определённом порядке. В соответствии с алфавитом размещают слова в словарях и справочниках, составляют картотеки и различные списки (например, список учащихся в классном журнале).

Запомните:

А	**Б**	**В**	**Г**	**Д**	**Е**	**Ё**
а	*бэ*	*вэ*	*гэ*	*дэ*	*е*	*ё*
Ж	**З**	**И**	**Й**	**К**	**Л**	**М**
жэ	*зэ*	*и*	*и краткое*	*ка*	*эль*	*эм*
Н	**О**	**П**	**Р**	**С**	**Т**	**У**
эн	*о*	*пэ*	*эр*	*эс*	*тэ*	*у*
Ф	**Х**	**Ц**	**Ч**	**Ш**	**Щ**	
эф	*ха*	*цэ*	*че*	*ша*	*ща*	
Ъ	**Ы**	**Ь**	**Э**	**Ю**	**Я**	
твёрдый знак	*ы*	*мягкий знак*	*э*	*ю*	*я*	

СЛОГ

Слоги — это части слова, на которые оно разделяется при произношении:

пи-рож-но-е, у-див-ле-ни-е, по-па-дёт-ся
за-ну-да, сквер-ный, бес-сер-деч-на-я

Количество слогов в слове соответствует числу гласных звуков:

червь (1 гласный звук — 1 слог)
зме-я (2 гласных — 2 слога)
у-дав (2 гласных — 2 слога)
по-лоз (2 гласных — 2 слога)
га-дю-ка (3 гласных — 3 слога)
а-на-кон-да (4 гласных — 4 слога)

Слово переносится с одной строки на другую по слогам:

се-реб-ро, се-реб-рис-тый, зо-ло-то
зо-ло-тиш-ко, брил-ли-ан-ты, брил-ли-ант
дра-го-цен-нос-ти, дра-го-цен-ность

Слово из одного слога не переносится:

мышь, боль, свет, дым, борщ, гвалт, твердь
рубль, стейк, стриж, вьюн, звук, пить, лить
звать, шьёт, вью, сплю, брось, грипп

Слог из одной буквы нельзя оставлять на строке или переносить на другую строку. Так, например, ***и**-ней, **у**-ран* — перенести нельзя, а в таких словах, как *э-ко-но-ми-**я**, **о**-стек-лён-на-**я**, **у**-стра-шён-но-**е**,* нельзя переносить первый и последний слоги.

Буква **й** при переносе не отделяется от гласной буквы:

*ле**й**-ка, по-мо**й**-ка, ска-ме**й**-ка, стру**й**-ка*
*а**й**-ва, за**й**-чик, ча**й**-ник, бо**й**-кот, ша**й**-ба*
*ду-ма**й**-те, у**й**-ди, глу-пе**й**-ший, стро**й**-ный*

Мягкий знак при переносе не отделяется от согласной буквы:

*пал**ь**-то, тел**ь**-няш-ка, шел**ь**-ма, ред**ь**-ка*
*стел**ь**-ка, кон**ь**-ки, бол**ь**-но, бор**ь**-ба*

При переносе слов с двойными согласными одну из согласных оставляют на строке, другую переносят:

*ко**н**-**н**ик, ба**р**-**р**и-ка-да, хо**б**-**б**ит, а**п**-**п**а-рат*
*ка-пе**л**-**л**а, гра**м**-**м**а-ти-ка, ис-ку**с**-**с**тво*
*хо**к**-**к**ей, со**н**-**н**ый, без-до**н**-**н**ый, во**з**-**з**вать*
*ко**л**-**л**ек-ци-о-ни-ро-вать, о**т**-**т**у-да, су**ф**-**ф**икс*

СЛОВО

Значение слова

Каждое слово что-то означает. Смысловое содержание слова разъясняется в **толковом словаре** — это ***лексическое значение*** слова. Например:

> **КОВБО́Й,** -я, *м.* — конный пастух в западных штатах США.

Буквы после заглавного слова означают окончание родительного падежа и род для имени существительного.

Слово может иметь не одно, а несколько лексических значений, называя разные предметы, которые имеют какие-то общие черты. Например:

> **ЛЕГИО́Н,** -а, *м.* — 1) в Древнем Риме: крупная войсковая единица; 2) название особых воинских частей в некоторых странах; 3) *перен.* неисчислимое множество (высок.).

Разные лексические значения одного слова в толковом словаре помещаются рядом под порядковыми номерами, с пояснениями. В приведённом на с. 10 примере третье значение слова отражает переносный смысл слова и свойственно высокому стилю речи.

Однозначными называются слова с одним лексическим значением, **многозначными** — слова, имеющие несколько лексических значений.

Кроме лексического, слово имеет ***грамматические значения*** — это **род, число, падеж** у существительных и прилагательных, **время, лицо** и **число** у глагола и т. п.

Полученные при **словообразовании** однокоренные слова имеют разные лексические значения:

голос → голосище
→ безголосый
→ отголосок
→ голосовать
→ заголосить

При ***изменении слова*** у него изменяется не лексическое, а грамматическое значение, например падеж: *го́лос — го́лоса — го́лосу — го́лосом*; род: *безголосый — безголосая;* время и лицо: *заголосил — заголосишь — заголосят.*

Омонимы

Слова, одинаковые по написанию и звучанию, но разные по лексическому значению, называются **омонимами.**

В толковом словаре омонимы даются в разных словарных статьях и обозначены порядковыми номерами. Например:

НО́ТА[1], -ы, *ж.* — 1) графический знак, изображающий музыкальный звук, а также сам звук: *взять высокую ноту*; 2) *мн.* текст музыкального произведения, графически изображённый: *играть по нотам*; 3) *перен.* оттенок речи, выражающий какое-либо чувство: *нота неудовольствия прозвучала в её голосе.*

НО́ТА[2], -ы, *ж.* — дипломатическое обращение одного правительства к другому: *нота протеста.*

Синонимы

Слова одной и той же части речи, обозначающие одно и то же, но отличающиеся написанием и произношением, а также оттенками значения и употреблением, называются **синонимами:**

отрава — яд, змея — гад — аспид
земля — почва, Земля — планета
гиппопотам — бегемот, забавный — смешной
прыгать — скакать, алый — красный

Антонимы

Слова одной и той же части речи с противоположным лексическим значением называются **антонимами:**

жара — холод, день — ночь
толстый — тонкий, длинный — короткий
широкий — узкий, горячий — холодный
подниматься — опускаться

Состав слова

Слово состоит из значимых частей, называемых **морфемами.** Корень, приставка, суффикс, окончание — это морфемы.

Корень

Слова, имеющие общее значение и общую одинаковую часть слова (корень), называются **родственными** или **однокоренными.**

Корень — это общая (одинаковая) часть однокоренных слов. Корень является главной значимой частью слова, он содержит в себе общее лексическое значение всех однокоренных слов.

Однокоренные слова могут относиться к разным частям речи:

вода — водица — водичка — водный — водяной — водянистый — приводниться

В слове может быть и два корня, если оно образовано из двух слов:

водопровод, прямоугольный, остроумный небоскрёб, радиовещание, стройкомбинат

Для образования однокоренных слов служат **приставки** и **суффиксы.**

Приставка

Приставка — это значимая часть слова, стоящая перед корнем и служащая для образования новых слов:

→ допечатать
→ запечатать
→ напечатать
печатать → отпечатать
→ перепечатать
→ припечатать
→ распечатать

Приставка является частью слова и на письме она не может отделяться от корня.

Приставки ***в- (во-), с- (со-), о-, об- (обо-), от- (ото-), пере-, по-, под- (подо-), до-, про-, вы-, на-, над-, за-*** пишутся всегда одинаково, независимо от их произношения.

Чтобы определить приставку в слове, нужно найти однокоренное слово без приставки или с другой приставкой:

подберёзовик — берёза
вздремнуть — дрёма, придремать

Слово может иметь сразу две приставки, когда оно образовано таким образом:

стыть → остыть → подостыть
тихий → утихнуть → приутихнуть

Суффикс

Суффикс — это значимая часть слова, стоящая после корня. Суффикс обычно служит для образования новых слов, иногда — для изменения формы слова:

→ ту́пенький
→ тупова́тый
→ ту́по
тупо́й → ту́пость
→ тупи́к
→ тупи́ца
→ тупе́ть

В одном слове может быть несколько суффиксов: *лиственница, внимательность.*

Словообразовательные суффиксы служат для образования новых слов (*круг* → *кружок*), **формообразовательные** — для образования некоторых глагольных форм (*думать, думал*).

Самые распространённые суффиксы:

-и-, -к-, -н-, -ек-, -ёк-, -ик-, -ок-, -ов-, -ск-, -ющ-, -енн-, -инк-, -ник-, -очк-, -щик-, -чик-, -ист-, -ишк-, -ушк-, -ышк-, -юшк-, -еньк-, -оньк-, -еват-, -оват-, -тель-

Окончание

Окончание — это изменяемая часть слова. Окончание служит для связи слов и выражает значения рода (*син**яя*** — ж. р., *син**ий*** — м. р.), числа (*син**ие*** — мн. ч.), падежа (*син**им*** — дат. п.), лица (*сине**ю*** — 1-е л.).

У имени существительного окончание обозначает **падеж** и **число** (совместно с предлогом или без него):

звезд[а] (им. п.), *звезд[ы]* (род. п.), *звезд[е]* (дат. п.)
звезд[у] (вин. п.), *звезд[ой]* (тв. п.)
о звезд[е] (пр. п.), *звёзд[ы]* (мн. ч.)

У имени прилагательного окончание обозначает **падеж, число** и — в единственном числе — **род:**

ярк[ая] — *ярк[ий]* — *ярк[ие]* — *ярк[ими]*

У глаголов окончание обозначает в настоящем и будущем времени **лицо** и **число,** в прошедшем времени — **число,** а в единственном числе — **род:**

сия[ет] (3-е л., ед. ч.) — *сия[ют]* (3-е л., мн. ч.)
сиял[и] (мн. ч.) — *сиял[о]* (ед. ч., ср. р.)

Окончание может быть **нулевым** (□), не выраженным звуками и буквами. Нулевое окончание тоже имеет грамматическое значение. Оно выявляется при сравнении форм слова:

го́лос□ (им. п.), *го́лос*[*а*] (род. п.)
го́лос[*у*] (дат. п.), *го́лос*□ (вин. п.)
го́лос[*ом*] (тв. п.), *о го́лос*[*е*] (пр. п.)

Окончание также служит для связи слов в словосочетании и предложении:

В замк**е** Спящ**ей** Красавиц**ы** спал**и** все.

Основа

Основа — это все неизменяемые части слова, за исключением изменяемого окончания и формообразовательных суффиксов, т. е. в основу входят приставки, корни и суффиксы:

булочн[*ая*] — *булочн*[*ую*] (основа *булочн-*)
оранжере[*я*] — *оранжере*[*ей*] (основа *оранжере-*)
делать — *делал*[*а*] — *дела*[*ю*] (основа *дела-*)

В основе слова заключается его лексическое значение.

Неизменяемые слова состоят только из основы:

какао, кофе, вчера, однако, исподлобья
мимоходом, набекрень, поодиночке

ЧАСТИ РЕЧИ

Слова называют **предметы, признаки предметов, действия предметов:**

Предметы	Признаки предметов	Действия предметов
кто? *человек* *собака* *друг*	***какой?*** *добрый* (человек) ***какая?*** *серая* (собака)	***что делать?*** *играть* *смеяться* *есть*
что? *река* *двор* *облако* *литература*	***какое?*** *вкусное* (какао) ***какие?*** *пушистые* (облака)	***что сделать?*** *построить* *сыграть* *съесть*

Слова в нашем языке распределяются на большие группы — **части речи:** имена существительные, имена прилагательные, глаголы, предлоги, местоимения, наречия, числительные и т. д.

Имя существительное

Существительное — это часть речи, обозначающая предмет и выражающая его значение в формах рода, числа и падежа.

Имена существительные бывают **одушевлённые** и **неодушевлённые.**

К одушевлённым относятся существительные, отвечающие на вопрос ***кто?***, — в основном это живые существа, люди и животные.

К неодушевлённым относятся существительные, отвечающие на вопрос ***что?***: это существительные, обозначающие конкретные предметы *(портфель, книга)*, явления природы *(буря, дождь, гром)*, события *(презентация, эпидемия, война)*, действия или признаки *(чтение, преподавание, краснота)*, свойства характера *(скромность, леность)*, абстрактные понятия *(вражда, злоба, прелесть, гадость)* и т. п.

Имена существительные бывают **собственные** или **нарицательные.**

Нарицательное имя существительное является названием любых однородных предметов. Например, *город, кошка, река, девочка* — нарицательные существительные.

Собственные имена существительные являются названиями отдельных единичных предметов. Например, в сочетаниях *город Москва, кошка Ромашка, море Нураннон, девочка На-*

таша слова Москва, Ромашка, Нураннон, Наташа — имена собственные, они отличают своих обладателей от других городов, кошек, морей, девочек.

К собственным именам существительным принадлежат имена, отчества, фамилии людей, клички животных, географические названия, названия литературных произведений, предприятий, названия исторических событий, картин, кинофильмов, спектаклей:

Отто Юльевич Шмидт, Омар Шариф, Рутгер Хауэр, Жучка, Мурка, Сибирь, Балтика, Ленинский проспект, Тюмень, «Аэлита», «Дядя Фёдор, пёс и кот», фабрика «Белвест», Октябрьский переворот и т. п.

Для обозначения единичных предметов могут использоваться не только отдельные слова (имена собственные), но и устойчивые словосочетания — **собственные наименования.** Например, *Нева, Хоббитания, Мордор, Монблан, Кассиопея, Версаль* — имена собственные, а *Москва-река, Берег Скелетов, мыс Доброй Надежды, Большой Каньон, Магеллановы Облака, Проксима Центавра, Дворец дожей,*

Зимний дворец, Медный всадник, Весёлый посёлок — собственные наименования.

Имена собственные пишутся с большой буквы.

Заглавия книг, названия газет и журналов, кинофильмов, спектаклей, картин, предприятий, судов и т. д. не только пишутся с большой буквы, но и заключаются в кавычки: *роман «Всадник без головы», журнал «Вокруг света», скульптура «Царь-плотник», спектакль «Эдип», мультфильм «Ледниковый период», картина «Опять двойка», завод «Кока-кола», корабли «Летучий Голландец», «Титаник»* и т. д.

Род

Имена существительные бывают мужского, женского и среднего рода:

мужской род (имена существительные, которые можно заменить словами ***он, мой***) — *щенок, мальчик, капитан, сундук, напиток;*

женский род (имена существительные, которые можно заменить словами ***она, моя***) — *собака, свинья, дочь, метель, сосна, книга;*

средний род (имена существительные, которые можно заменить словами ***оно, моё***) — *солнце, зерно, сердце, слово, насекомое, алоэ.*

Некоторые слова имеют два рода:

недотёпа, разиня — **м.** и **ж. род**

колибри — **м.** и **ж. род**

киви — **м. род** (птица) и **ср. род** (дерево и плод)

Нужно помнить:

На конце существительных женского рода после шипящих пишется **Ь:**

*мы**шь**, ро**жь**, бла**жь**, ве**щь**, пле**шь**, немо**щь***

На конце существительных мужского рода после шипящих **Ь** не пишется:

*смер**ч**, эта**ж**, ово**щ**, сторо**ж**, ёр**ш**, камы**ш***

Число

Имена существительные бывают **исчисляемые,** т. е. поддающиеся счёту, и **неисчисляемые,** не поддающиеся счёту (*тишь, гладь, коварство, тупость*).

Исчисляемые существительные изменяются по **числам,** обозначая в единственном числе один предмет, а во множественном числе — два и более. При изменении имени существительного по числам изменяется его окончание: *яблоко — яблоки, число — числа, гном — гномы брат — братья, дочь — дочери, крыло — крылья*

Чтобы узнать род имени существительного, стоящего во множественном числе, надо поставить его в единственное число:

деревья → *дерево* (**ср. р.**), *стебли* → *стебель* (**м. р.**)
тени → *тень* (**ж. р.**), *пни* → *пень* (**м. р.**)

Некоторые существительные имеют форму только множественного числа, например:

очки, ножницы, плоскогубцы, ворота, чернила грабли, жмурки, прятки, дрожжи, похороны хлопоты, качели, джинсы, каникулы

Неисчисляемые существительные обычно имеют форму только единственного числа:

цемент, хло́пок, крапива, молодёжь, железо молоко, бензин, керосин, синева, желтизна бегство, хвоя, хворост, хвастовство, грязь

Падеж

Изменение окончаний имён существительных по вопросам называется **изменением по падежам,** или **склонением.**

В русском языке 6 падежей:

именительный, родительный, дательный, винительный, творительный, предложный.

Имена существительные *шоссе, радио, пальто, метро, кино, кофе* и т. п. **не склоняются:**
им. п. *бежит шоссе,* род. п. *съехать с шоссе*
дат. п. *идти по шоссе,* вин. п. *выехать на шоссе*
тв. п. *лететь над шоссе,* пр. п. *стоять на шоссе*

Чтобы определить падеж имени существительного, надо найти слово, к которому относится существительное, и поставить от него вопрос; по вопросу и предлогу можно определить падеж:

Моя соседка летает на работу на метле. Летает ***(куда?) на*** *работу* — вин. п.; *летает* ***(на чём?) на*** *метле* — пр. п.

Падеж	Предлоги	Вопросы
Именительный		**кто? что?**
Родительный	***от, до, из, без, у, вокруг, для, около, после, с, кроме***	**кого? чего?** (где? куда? откуда?)
Дательный	***к, по***	**кому? чему?** (где? куда?)
Винительный	***в, на, за, про, через***	**кого? что?** (где? куда?)
Творительный	***с, за, под, над, между***	**кем? чем?** (где? куда?)
Предложный	***о, об, в, во, на, при***	**о ком? о чём?** (где?)

Именительный падеж имени существительного иногда трудно отличить от винительного.

Нужно помнить:

Имя существительное в именительном падеже **никогда не употребляется с предлогом** и в предложении является **подлежащим.**

Имя существительное в винительном падеже **употребляется как с предлогом, так и без предлога,** но в предложении является лишь **второстепенным членом:**

Мишки любят вкусное варенье. — Мишки — им. п.; *любят **(кого? что?)** варенье —* вин. п.

Ребёнок кладёт палец в рот. — Ребёнок — им. п.; *кладёт **(кого? что?)** палец —* вин. п.; *кладёт **(во что?) в** рот —* вин. п.

Существительные в винительном падеже с предлогами ***в, на*** отвечают на вопросы ***на что?, во что? (куда?)***:

*прыгать **на** пол, **в** далёкую страну —* вин. п.

Существительные в предложном падеже с предлогами ***в, на*** отвечают на вопросы ***на чём?, в чём? (где?)***:

*прыгать **на** полу, **в** далёкой стране —* пр. п.

В предложном падеже существительные всегда употребляются с предлогами:

*Стоя **во** дворе, лиса думала **о** курятнике.*

***На** полянке **в** лесу жили мухоморы.*

Склонение

Существительные бывают трёх склонений.

Существительные **женского** и **мужского рода** с окончаниями ***-а, -я*** в именительном падеже относятся к **первому склонению:**

яблоня, тля, русалка, недотёпа, неряха
юноша, мужчина, батя, пустомеля

Существительные **мужского рода** с нулевым окончанием (основа оканчивается на твёрдый или мягкий согласный) и **среднего рода** с окончаниями ***-о, -ё, -е*** в именительном падеже относятся ко **второму склонению:**

год, стриж, шмель, лето, сердце, остриё

Существительные **женского рода** с мягким знаком на конце в именительном падеже относятся к **третьему склонению:**

радость, моль, мать, ночь, ложь, помощь
лень, степь, кровать, мышь, мазь

Не относятся ни к какому склонению существительные среднего рода на ***-мя*** (10: *бремя, время, вымя, знамя, имя, пламя, племя, семя, стремя, темя*), а также *дитя* и существительное мужского рода *путь.* Они изменяются по падежам не по общим правилам (см. таблицу на с. 30).

Чтобы определить склонение имени существительного, его нужно поставить в именительный падеж единственного числа, выделить окончание и определить род, например: *посыпать солью раны* — *соль* (III скл.), *рана* (I скл.).

Склонение	**Род**	**Окончание в именительном падеже единственного числа**
I	**женский**	***-а, -я***
	мужской	***-а, -я***
II	**мужской**	***нулевое*** *(с основой, оканчивающейся на твёрдый или мягкий согласный)*
	средний	***-о, -е***
III	**женский**	***нулевое*** *(с основой, оканчивающейся на мягкий согласный)*

Падеж	I склонение		II склонение		III склонение
	Женский род	Мужской род	Мужской род	Средний род	Женский род
И.	*ведьм**а*** *яблон**я*** *недотёп**а***	*Емел**я*** *юнош**а***	*человек* *медведь* *словарь*	*золот**о*** *сердц**е*** *печень**е***	*мать* *честь, казнь* *ночь, ложь*
Р.	*ведьм**ы*** *яблон**и*** *недотёп**ы***	*Емел**и*** *юнош**и***	*человек**а*** *медвед**я*** *словар**я***	*золот**а*** *сердц**а*** *печень**я***	*матер**и*** *чест**и**, казн**и*** *ноч**и**, лж**и***
Д.	*ведьм**е*** *яблон**е*** *недотёп**е***	*Емел**е*** *юнош**е***	*человек**у*** *медвед**ю*** *словар**ю***	*золот**у*** *сердц**у*** *печень**ю***	*матер**и*** *чест**и**, казн**и*** *ноч**и**, лж**и***
В.	*ведьм**у*** *яблон**ю*** *недотёп**у***	*Емел**ю*** *юнош**у***	*человек**а*** *медвед**я*** *словарь*	*золот**о*** *сердц**е*** *печень**е***	*мать* *честь, казнь* *ночь, ложь*
Т.	*ведьм**ой*** *яблон**ей*** *недотёп**ой***	*Емел**ей*** *юнош**ей***	*человек**ом*** *медвед**ем*** *словар**ём***	*золот**ом*** *сердц**ем*** *печень**ем***	*матер**ью*** *чест**ью**, казн**ью*** *ноч**ью**, лож**ью***
П.	*о ведьм**е*** *о яблон**е*** *о недотёп**е***	*о Емел**е*** *о юнош**е***	*о человек**е*** *о медвед**е*** *о словар**е***	*о золот**е*** *о сердц**е*** *о печень**е***	*о матер**и*** *о чест**и**, о казн**и*** *о ноч**и**, о лж**и***

Падеж	Средний род	Средний род	Мужской род
И.	*плам**я***	*дит**я***	*путь*
Р.	*пламен**и***	*дитят**и***	*пут**и***
Д.	*пламен**и***	*дитят**и***	*пут**и***
В.	*плам**я***	*дит**я***	*путь*
Т.	*пламен**ем***	*дитят**ей***	*пут**ём***
П.	*о пламен**и***	*о дитят**и***	*о пут**и***

Запомните:

Мягкий знак после шипящих на конце слова пишется только у существительных III склонения. У существительных **не III склонения** на конце после шипящих мягкий знак никогда **не пишется:**

мышь (III скл.) — ***малыш, камыш*** (II скл.)
*бл**ажь*** (III скл.) — *эт**аж**, мир**аж**, п**аж*** (II скл.)
дрожь, рожь (III скл.) — *стор**ож**, н**ож*** (II скл.)

Во множественном числе существительные **не** различаются по склонениям.

Ударные и безударные окончания имён существительных

Существительные одного и того же склонения имеют одинаковые ударные и безударные падежные окончания.

Падеж	I склонение	II склонение	III склонение
И.	*весн**а́*** *земл**я́*** *грязну́л**я*** *доро́г**а*** *ног**а́*** *лгуни́шк**а***	*стол* *конь* *тюле́нь* *челове́к* *сел**о́*** *се́рдц**е***	*ра́дость* *и́згородь* *жуть* *грудь* *степь*
Р.	*весн**ы́*** *земл**и́*** *грязну́л**и*** *доро́г**и*** *ног**и́*** *лгуни́шк**и***	*стол**а́*** *кон**я́*** *тюле́н**я*** *челове́к**а*** *сел**а́*** *се́рдц**а***	*ра́дост**и*** *и́згород**и*** *жу́т**и*** *груд**и́*** *степ**и́***
Д.	*весн**е́*** *земл**е́*** *грязну́л**е*** *доро́г**е*** *ног**е́*** *лгуни́шк**е***	*стол**у́*** *кон**ю́*** *тюле́н**ю*** *челове́к**у*** *сел**у́*** *се́рдц**у***	*ра́дост**и*** *и́згород**и*** *жу́т**и*** *груд**и́*** *степ**и́***
В.	*весн**у́*** *зе́мл**ю*** *грязну́л**ю*** *доро́г**у*** *но́г**у*** *лгуни́шк**у***	*стол* *кон**я́*** *тюле́н**я*** *челове́к**а*** *сел**о́*** *се́рдц**е***	*ра́дость* *и́згородь* *жуть* *грудь* *степь*
Т.	*весн**о́й*** *земл**ёй*** *грязну́л**ей*** *доро́г**ой*** *ног**о́й*** *лгуни́шк**ой***	*стол**о́м*** *кон**ём*** *тюле́н**ем*** *челове́к**ом*** *сел**о́м*** *се́рдц**ем***	*ра́дость**ю*** *и́згородь**ю*** *жу́т**ью*** *гру́д**ью*** *сте́п**ью***
П.	*о весн**е́*** *о земл**е́*** *о грязну́л**е*** *о доро́г**е*** *о ног**е́*** *о лгуни́шк**е***	*о стол**е́*** *о кон**е́*** *о тюле́н**е*** *о челове́к**е*** *о сел**е́*** *о се́рдц**е***	*о ра́дост**и*** *об и́згород**и*** *о жу́т**и*** *о груд**и́*** *о сте́п**и*** *(в степ**и́**)*

Безударные окончания ***-е, -и*** в родительном, дательном и предложном падежах **нужно проверять.** Безударные окончания в творительном падеже **нужно запомнить:**

I склонение: ***-ой, -ей*** — *бу́лкой, кро́влей*

II склонение: ***-ом, -ем*** — *го́лом, варе́ньем*

III склонение: ***-ю*** — *ле́стью, мы́шью*

Чтобы правильно написать безударное окончание существительного, нужно: определить падеж; определить склонение; вспомнить окончание существительного в нужном падеже.

Для проверки окончания можно вместо слова с безударным окончанием вставить существительное того же склонения в том же падеже с ударным окончанием, например: *вижу зе́млю — вижу **(кого? что?)** зме**ю́**, зе́мл**ю**.*

Безударные окончания имён существительных по падежам			
Падеж	**I склонение**	**II склонение**	**III склонение**
И.	***-а, -я***	***-о, -е***	□
Р.	***-ы, -и***	***-а, -я***	***-и***
Д.	***-е***	***-у, -ю***	***-и***
В.	***-у, -ю***	***-а, -я, -о, -е***	□
Т.	***-ой, -ей***	***-ом, -ем***	***-ю***
П.	***-е***	***-е***	***-и***

При возникновении трудностей в различении родительного и винительного падежей следует помнить, что они различаются по предлогам, а у существительных I склонения ещё и по окончанию.

При возникновении трудностей в различении родительного, дательного и предложного падежей нужно помнить, что различить эти падежи по вопросу ***где?*** нельзя, — следует добавлять падежный вопрос:

где? (у ***чего?****) у станка* → род. п.
где? (по ***чему?****) по станку* → дат. п.
где? (на ***чём?****) на станке* → пр. п.

На вопрос ***откуда?*** отвечают существительные ***только в родительном падеже:***
откуда? (из ***чего?****) — с Урала, из города*

Падеж имён существительных во множественном числе определяется так же, как и у существительных в единственном числе: по вопросу, по предлогу, по роли в предложении. Существительные в винительном падеже всегда бывают второстепенными членами предложения, причём одушевлённые отвечают на вопрос ***кого?,*** а неодушевлённые — ***что?***.

Запомните:

вижу ***(кого?)****: людей, кукол, колоссов, троллей, фей, мертвецов, леших, гениев, страшил, ежей, собак*

вижу ***(что?)****: поезда, реки, кактусы, игрушки, трупы, тени, растения, раковины, машины, сны*

ловлю ***(кого?)****: креветок — ем* ***(что?)****: креветки*

Существительные множественного числа имеют окончания:

- в именительном падеже:

мужской род: *-ы(-и), -а(-я);*

женский род: *-ы(-и);*

средний род: *-а(-я), -и;*

- в родительном падеже:

м. род → ***-ов(-ев), -ей:*** *микробов, ежей*
→ □: *солдат, ботинок*

ср. род → ***-ов(-ев), -ей:*** *оконцев, ружей*
→ □: *колёс, солнц, озёр, сердец*

ж. род → ***-ей:*** *подлостей, болезней, теней*
→ □: *слив, яблонь, лыж, тысяч*

- в дательном, творительном и предложном падежах (независимо от рода):

дательный падеж: *-ам(-ям);*

творительный падеж: *-ами(-ями),* но *дверьми, дочерьми, лошадьми;*

предложный падеж: *-ах(-ях).*

Глагол

Глагол — это часть речи, которая обозначает действие предмета. Глаголы отвечают на вопросы:

что делать?	***что сделать?***
что делал?	***что сделал?***
что делает?	—
что будет делать?	***что сделает?***

Один и тот же глагол может употребляться в разных значениях. Смысл слова уточняется в предложении и в тексте:

*Цветок **вьётся** по ограде. Лента реки **вьётся** вниз по склону. **Вьётся** игривый локон.*

Неопределённая форма

Глаголы, отвечающие на вопросы ***что делать?*** и ***что сделать?***, стоят в неопределённой форме и оканчиваются на ***-ть(ся), -ти(сь):***

что делать? — *разлагать(ся), пойти*

что сделать? — *разложить(ся), прийти*

Неопределённая форма не указывает на время и число глагола. Неопределённая форма — это начальная форма глагола. Именно в этой форме глаголы приводятся в словарях.

Число

Глаголы изменяются по числам.

Если глагол обозначает действие одного предмета, то он отвечает на вопросы:

что делал? что делала? что делало?
что сделал? что сделала? что сделало?
что делаю? что делаешь? что делает?
что сделаю? что сделаешь? что сделает?

Например: *прискакал, летит, закричит.*

Если глагол обозначает действие двух и более предметов, то он отвечает на вопросы:

что делали? что сделали?
что делаем? что делаете? что делают?
что сделаем? что сделаете? что сделают?

Например: *прискакали, летим, закричат.*

Вид

Глаголы бывают совершенного и несовершенного вида. Глаголы **несовершенного** вида отвечают на вопросы ***что делать?***, ***что делал?***, ***что делаю?***, ***что буду делать?*** и т. п. Глаголы **совершенного** вида отвечают на вопросы ***что сделать?***, ***что сделал?***, ***что сделаю?***:

толкать ***(что делать?)*** — несов. вид
толкнуть ***(что сделать?)*** — сов. вид

Время

Глагол изменяется по временам.

Глаголы в настоящем времени отвечают на вопросы:

что делаю?	***что делаем?***
что делаешь?	***что делаете?***
что делает?	***что делают?***

Глаголы, которые в неопределённой форме отвечают на вопрос ***что сделать?***, не имеют формы настоящего времени.

Глаголы в будущем времени отвечают на вопросы:

что сделает? что будет делать?
что сделают? что будут делать? и т. д.

Это объясняется тем, что будущее время имеет две формы: простую и сложную. От глаголов совершенного вида образуется ***будущее простое время,*** например:

что сделать? *вымыть → вымою*
что сделать? *залаять → залаю*

От глаголов несовершенного вида образуется ***будущее сложное время,*** а именно:

что делать? *мыть → буду мыть*
что делать? *лаять → буду лаять*

Глаголы в ***прошедшем времени*** отвечают на вопросы:

что делал? что сделал?

что делали? что сделали? и т. д.

Глаголы в прошедшем времени имеют суффикс ***-л-:*** *падал, упали, визжал, утонула.*

Глаголы прошедшего времени можно узнать по вопросам ***что делал?***, ***что сделал?*** и т. п. и по суффиксу ***-л-:***

что делал? — *искал, ходил*
что сделал? — *нашёл, сходил*
что делала? — *искала, ходила*
что сделала? — *нашла, сходила*
что делало? — *искало, ходило*
что сделало? — *нашло, сходило*
что делали? — *искали, ходили*
что сделали? — *нашли, сходили*

Глаголы прошедшего времени в единственном числе изменяются по родам:

мужской род → ***что делал?*** — *висел*; → ***что сделал?*** — *повис*

женский род → ***что делала?*** — *висел**а***; → ***что сделала?*** — *повисл**а***

средний род → ***что делало?*** — *висел**о***; → ***что сделало?*** — *повисл**о***

Род

Род глагола в предложении зависит от рода имени существительного, с которым он связан по смыслу:

*Пришл**о** озарение. Пришл**а** соседка. Пришёл плотник. Преступник полз. Змея ползл**а**. Чудовище ползл**о**.*

Во множественном числе глаголы в прошедшем времени **по родам не изменяются:**

что делали? *— смотрели, глядели, глазели*
что сделали? *— спрятали, нашли, потеряли*

Окончания глаголов в прошедшем времени			
Единственное число			Множественное число
Мужской род	Женский род	Средний род	
— *цвёл* *погиб*	***-а*** *цвела́* *поги́бла*	***-о*** *цвело́* *поги́бло*	***-и*** *цвели́* *поги́бли*

Нужно помнить:

В глаголах прошедшего времени перед суффиксом ***-л-*** **пишется тот же суффикс, что и перед *-ть*** в неопределённой форме:

*удар**и**ть → удар**и**л, ех**а**ть → ех**а**л, езд**и**ть → езд**и**л*

Глаголы в прошедшем времени
не изменяются по лицам:

Неопределённая форма	Единственное число	Множественное число
	что* Я *делал? *писал, говорил* ***что* Я *сделал?*** *написал, поговорил*	***что* МЫ *делали?*** *писали, говорили* ***что* МЫ *сделали?*** *написали, поговорили*
писать ***говорить*** ***написать*** ***поговорить***	***что* ТЫ *делал?*** *писал, говорил* ***что* ТЫ *сделал?*** *написал, поговорил*	***что* ВЫ *делали?*** *писали, говорили* ***что* ВЫ *сделали?*** *написали, поговорили*
	что* ОН *делал? *писал, говорил* ***что* ОН *сделал?*** *написал, поговорил*	***что* ОНИ *делали?*** *писали, говорили* ***что* ОНИ *сделали?*** *написали, поговорили*

Спряжение

Изменение окончаний глаголов по лицам и числам называется **спряжением.**

Если глагол в неопределённой форме отвечает на вопрос ***что сделать?***, то в 3-м лице будущего времени он отвечает на вопрос ***что сделает?*** (будущее простое время).

Например: ***что сделать?*** — *дать*
что сделает? — *даст*

Спряжение глаголов в настоящем времени		
Лицо	**Единственное число**	**Множественное число**
1-е	***что* Я *делаю?*** *пишу, говорю*	***что* МЫ *делаем?*** *пишем, говорим*
2-е	***что* ТЫ *делаешь?*** *пишешь, говоришь*	***что* ВЫ *делаете?*** *пишете, говорите*
3-е	***что* ОН *делает?*** *пишет, говорит*	***что* ОНИ *делают?*** *пишут, говорят*

Спряжение глаголов в будущем времени		
Лицо	**Единственное число**	**Множественное число**
1-е	***что* Я *сделаю?*** *напишу, поговорю*	***что* МЫ *сделаем?*** *напишем, поговорим*
2-е	***что* ТЫ *сделаешь?*** *напишешь, поговоришь*	***что* ВЫ *сделаете?*** *напишете, поговорите*
3-е	***что* ОН *сделает?*** *напишет, поговорит*	***что* ОНИ *сделают?*** *напишут, поговорят*

Если глагол в неопределённой форме отвечает на вопрос ***что делать?***, то в 3-м лице будущего времени он отвечает на вопрос **что будет делать?** (будущее сложное время).

Например: ***что делать?*** — *давать*

что будет делать? — *будет давать*

В этом случае при спряжении изменяются только окончания вспомогательного глагола: *буд**у** вопить, буд**ешь** вопить, буд**ете** вопить*

Спряжение глаголов в будущем времени: будущее простое и будущее сложное		
Лицо	**Единственное число**	**Множественное число**
1-е	***что сделаю?*** *напиш**у*** ***что буду делать?*** *буд**у** писать*	***что сделаем?*** *напиш**ем*** ***что будем делать?*** *буд**ем** писать*
2-е	***что сделаешь?*** *напиш**ешь*** ***что будешь делать?*** *буд**ешь** писать*	***что сделаете?*** *напиш**ете*** ***что будете делать?*** *буд**ете** писать*
3-е	***что сделает?*** *напиш**ет*** ***что будет делать?*** *буд**ет** писать*	***что сделают?*** *напиш**ут*** ***что будут делать?*** *буд**ут** писать*

Лицо и число глагола определяются по местоимению и окончанию глагола (или только по его окончанию):

***Я** знаю правила. **Ты** берёшь эту книгу?*

*(Мы) Зайд**ём** в пышечную?*

*(Ты) Присмотр**ишь** за кошкой?*

Нужно помнить:

Во 2-м лице глаголов единственного числа настоящего и будущего времени после шипящих пишется **Ь:**

*люби**шь**, плюё**шь**, целуе**шь***

*полюби**шь**, плюне**шь**, поцелуе**шь***

Различают глаголы двух спряжений (**I** и **II**), и соответственно различается написание личных окончаний у глаголов настоящего или будущего простого времени:

Ударные и безударные окончания глаголов			
Число	**Лицо**	**I спряжение**	**II спряжение**
Ед. ч.	**1-е**	***-у(-ю)***	***-у(-ю)***
	2-е	***-ешь***	***-ишь***
	3-е	***-ет***	***-ит***
Мн. ч.	**1-е**	***-ем***	***-им***
	2-е	***-ете***	***-ите***
	3-е	***-ут(-ют)***	***-ат(-ят)***

Существуют ещё **разноспрягаемые глаголы** — они имеют окончания I и II спряжений или же особые окончания:

хотеть { **I спр.:** *хоч**у**, хоч**ешь**, хоч**ет***
II спр.: *хот**им**, хот**ите**, хот**ят***

*беж**ать*** { **II спр.:** *бег**у**, беж**ишь**, беж**ит**,*
*беж**им**, беж**ите***
I спр.: *бег**ут***

дать: *да**м**, да**шь**, да**ст**, дад**им*** и т. д.

есть: *е**м**, е**шь**, е**ст**, ед**им*** и т. д.

Нужно помнить:

Как определить, какого спряжения глагол?

- **По личному окончанию,** если оно ударное:

сидеть — сидя́т (II спряжение)

ползти — ползу́т (I спряжение)

- **По суффиксу неопределённой формы,** если личное окончание безударное:

II спряжение:

— все глаголы на ***-ить(ся),*** кроме *брить* (I спр.: *бре**ю**, бре**ешь**, бре**ет**, бре**ем**, бре**ете**, бре**ют***), *стелить* (I спр.: *стел**ю**, стел**ешь**, стел**ет**, стел**ем**, стел**ете**, стел**ют***);

— 7 глаголов на ***-еть(ся):*** *вид**еть**, верт**еть**, завис**еть**, ненавид**еть**, обид**еть**, смотр**еть**, терп**еть**;*

— 4 глагола на ***-ать(ся):*** *гн**ать**, держ**ать**, дыш**ать**, слыш**ать****.

I спряжение: почти все остальные глаголы.

Глагол с приставкой относится к тому же спряжению, что и глагол, от которого он был образован с помощью приставки.

---

* Чтобы лучше запомнить 11 глаголов-исключений, попробуйте выучить небольшой стишок:

*Гн**ать**, держ**ать**, дыш**ать** и слыш**ать**,*
*терп**еть**, вид**еть** и смотр**еть**,*
*ненавид**еть**, и обид**еть**, и завис**еть**, и верт**еть**.*

Ударные и безударные окончания глаголов

У глаголов одного и того же спряжения ударные и безударные окончания одинаковы:

Число	Лицо	I спряжение	II спряжение
Ед. ч.	1-е 2-е 3-е	*плыву́, ду́маю* *плывёшь, ду́маешь* *плывёт, ду́мает*	*спешу́, ве́рю* *спеши́шь, ве́ришь* *спеши́т, ве́рит*
Мн. ч.	1-е 2-е 3-е	*плывём, ду́маем* *плывёте, ду́маете* *плыву́т, ду́мают*	*спеши́м, ве́рим* *спеши́те, ве́рите* *спеша́т, ве́рят*

Спряжение глаголов с ударными окончаниями определяют по окончанию (см. таблицу на с. 43).

Спряжение глаголов с безударными окончаниями определяют по неопределённой форме, а точнее — по гласной букве перед ***-ть(ся):***

ругать — I спр. (-ать)

помять — I спр. (-ять)

смешить — II спр. (-ить)

Нужно помнить:

Если глагол отвечает на вопрос ***что делать? (что сделать?)***, то он пишется **с Ь: *-ть(ся).***

Если глагол отвечает на вопрос ***что делает? (что сделает?)*** или ***что делают? (что сделают?)***, то он пишется **без буквы Ь: *-т(ся).***

Например: *Нужно* ***(что делать?)*** *делиться*.

Клетка ***(что делает?)*** *делится*.

Нужно различать:

2-е лицо мн. числа в повелительной форме	2-е лицо мн. числа настоящего или будущего (у глаголов совершенного вида) времени
I спряжение — формы различны	
*сту́кн**и**те* *пиш**и́**те* *подним**и́**те* *обним**и́**те* *исчё́зн**и**те* *утон**и́**те*	*сту́кн**е**те* *пи́ш**е**те* *подни́м**е**те* *обни́м**е**те* *исчё́зн**е**те* *уто́н**е**те*
II спряжение — формы совпадают	
*держ**и́**те* *по́мн**и**те* *люб**и́**те*	*де́рж**и**те* *по́мн**и**те* *лю́б**и**те*

В предложении глагол чаще всего бывает сказуемым и согласуется с подлежащим.

Имя прилагательное

Имена прилагательные обозначают признаки предметов. Один предмет часто можно противопоставить другому по какому-либо признаку — цвету, размеру, температуре и пр.:

чёрный — белый, большой — маленький

тёплый — прохладный, плохой — хороший

Имена прилагательные отвечают на вопросы ***какой?*** и ***чей?***.

Число и род

Имена прилагательные изменяются по числам и в единственном числе по родам.

Слова, которые обозначают признак одного предмета, отвечают на вопросы ***какой?***, ***какая?***, ***какое?***: *добр**ый** знак, добр**ое** слово.*

Слова, которые обозначают признак двух или нескольких предметов, отвечают на вопрос ***какие?***: *добр**ые** люди, тих**ие** уголки.*

Род имени прилагательного определяется по роду имени существительного, с которым оно связано:

Единственное число			**Множественное число**
М. р.	**Ж. р.**	**Ср. р.**	
какой?	***какая?***	***какое?***	***какие?***
*зимн**ий*** (сад) *трудн**ый*** (день) ***морской*** (бриз)	*зимн**яя*** (вишня) *трудн**ая*** (задача)	*зимн**ее*** (время) *трудн**ое*** (слово)	*зимн**ие*** (каникулы) *трудн**ые*** (времена)

Окончания имён прилагательных

Единственное число			**Множественное число**
М. р.	**Ж. р.**	**Ср. р.**	
какой?	***какая?***	***какое?***	***какие?***
-ый, -ий, -ой	***-ая, -яя***	***-ое, -ее***	***-ые, -ие***

Склонение

Имена прилагательные изменяются по падежам, или склоняются. Прилагательное всегда стоит в том же роде, числе и падеже, что и существительное, к которому оно относится.

Падеж имени прилагательного — независимо от числа — определяется по падежу имени существительного, к которому оно относится.

Чтобы определить падеж имени прилагательного, нужно: найти существительное, к которому относится прилагательное; определить падеж существительного; по падежу существительного определить падеж прилагательного:

Из тёплой печи выглядывают румяные пирожки. Пирожки — подлежащее, **им. п.;** *пирожки* ***(какие?)*** *румяные* → **им. п.** *Выглядывают* ***(откуда? из чего?)*** *из печи* — **род. п.;** *из печи* ***(какой?)*** *тёплой* → **род. п.**

За тощим мальчишкой с рыжими волосами важно шагал чёрный кот. Кот — подлежащее, **им. п.;** *кот* ***(какой?)*** *чёрный* → **им. п.** *Шагал* ***(за кем?)*** *за мальчишкой* — **тв. п.;** *мальчишкой* ***(каким?)*** *тощим* → **тв. п.** *Мальчишкой* ***(с чем?)*** *с волосами* — **тв. п.;** *волосами* ***(какими?)*** *рыжими* → **тв. п.**

Падеж	Единственное число			Множественное число
	Мужской род	Женский род	Средний род	
И.	***какой?*** *плохой, тихий*	***какая?*** *плохая, тихая*	***какое?*** *плохое, тихое*	***какие?*** *плохие, тихие*
Р.	***какого?*** *плохого* *тихого*	***какой?*** *плохой* *тихой*	***какого?*** *плохого* *тихого*	***каких?*** *плохих* *тихих*
Д.	***какому?*** *плохому* *тихому*	***какой?*** *плохой* *тихой*	***какому?*** *плохому* *тихому*	***каким?*** *плохим* *тихим*
В.	***какой?*** *плохой, тихий* ***какого?*** *плохого, тихого*	***какую?*** *плохую* *тихую*	***какое?*** *плохое* *тихое*	***какие?*** *плохие, тихие* ***каких?*** *плохих, тихих*
Т.	***каким?*** *плохим, тихим*	***какой?*** *плохой, тихой*	***каким?*** *плохим, тихим*	***какими?*** *плохими, тихими*
П.	***о каком?*** *о плохом* *о тихом*	***о какой?*** *о плохой* *о тихой*	***о каком?*** *о плохом* *о тихом*	***о каких?*** *о плохих* *о тихих*

Как видно из таблицы (с. 49), **окончание падежного вопроса обычно является подсказкой** для определения окончания имени прилагательного, стоящего в этом падеже (хотя это правило распространяется отнюдь не на все прилагательные, например: *как**ой**? нов**ый**; как**ая**? летн**яя**; как**ое**? рыж**ее***).

Имена прилагательные женского рода в родительном, дательном, творительном и предложном падежах отвечают на вопрос ***какой?*** и имеют окончания ***-ой, -ей:***

из утлой лодки	*до поздней осени*
к утлой лодке	*к поздней осени*
с утлой лодкой	*с поздней осенью*
в утлой лодке	*о поздней осени*

В творительном падеже, кроме окончаний ***-ой, -ей,*** прилагательные могут иметь окончания ***-ою, -ею:***

под утлой лодкой, с поздней весной
над утлою лодкой, за позднею весной

В винительном падеже имена прилагательные женского рода отвечают на вопрос ***какую?*** и имеют окончание ***-ую, -юю:***

утлую лодку, позднюю весну

Имена прилагательные мужского и среднего рода в родительном падеже отвечают на вопрос ***какого?*** и имеют окончание ***-ого, -его:***

*голубое море — голуб**ого** моря*
*голубой карандаш — голуб**ого** карандаша*
*синее море — син**его** моря*
*синий карандаш — син**его** карандаша*

В дательном падеже они отвечают на вопрос ***какому?*** и имеют окончание ***-ому, -ему:***

*голубое море — голуб**ому** морю*
*голубой карандаш — голуб**ому** карандашу*
*синее море — син**ему** морю*
*синий карандаш — син**ему** карандашу*

В творительном падеже они отвечают на вопрос ***каким?*** и имеют окончание ***-ым, -им:***

*голубое море — голуб**ым** морем*
*голубой карандаш — голуб**ым** карандашом*
*синее море — син**им** морем*
*синий карандаш — син**им** карандашом*

В предложном падеже они отвечают на вопрос ***о каком?*** и имеют окончание ***-ом, -ем:***

*голубое море — о голуб**ом** море*
*голубой карандаш — о голуб**ом** карандаше*
*синее море — о син**ем** море*
*синий карандаш — о син**ем** карандаше*

В винительном падеже прилагательные мужского рода (и все прилагательные во множественном числе) отвечают на вопрос ***какой? (какие?)***, если относятся к неодушевлённым существительным, и на вопрос ***какого? (каких?)***, если относятся к одушевлённым:

*вижу сквер**ный** ананас и сквер**ного** типа*
*вижу сквер**ные** фрукты и сквер**ных** людей*

Ударные и безударные окончания имён прилагательных

Безударные падежные окончания имён прилагательных мужского и среднего рода пишутся так же, как и ударные, кроме прилагательных мужского рода в именительном и винительном падежах — в безударном положении они имеют окончание ***-ый, -ий,*** а в ударном — ***-ой:***

*си́н**ий**, кра́сн**ый**,* но *плох**о́й**, туп**о́й***

Окончания имён прилагательных мужского и среднего рода в единственном числе				
	Р.	**Д.**	**Т.**	**П.**
	какого?	***какому?***	***каким?***	***о каком?***
Ударное окончание	*больн**о́го***	*больн**о́му***	*больн**ы́м***	*о больн**о́м***
Безударное окончание	*ме́лк**ого***	*ме́лк**ому***	*ме́лк**им***	*о ме́лк**ом***

Имена прилагательные женского рода, отвечающие на вопрос ***какой?*** (родительный, дательный, творительный, предложный падежи) имеют безударные окончания ***-ой, -ей.***

<table>
<tr><th colspan="4">Ударные и безударные окончания имён прилагательных</th></tr>
<tr><th rowspan="2">Падеж</th><th colspan="3">Единственное число</th></tr>
<tr><th>Мужской род</th><th>Средний род</th><th>Женский род</th></tr>
<tr><td>И.</td><td>какой?
-ый, -ий, -ой</td><td>какое?
-ое, -ее</td><td>какая?
-ая, -яя</td></tr>
<tr><td>Р.</td><td colspan="2">какого? -ого, -его</td><td>какой? -ой, -ей</td></tr>
<tr><td>Д.</td><td colspan="2">какому? -ому, -ему</td><td>какой? -ой, -ей</td></tr>
<tr><td>В.</td><td>какой?
-ый, -ий, -ой
какого?
-ого, -его</td><td>какое?
-ое, -ее</td><td>какую?
-ую, -юю</td></tr>
<tr><td>Т.</td><td colspan="2">каким?
-ым, -им</td><td>какой? какою?
-ой, -ей; -ою, -ею</td></tr>
<tr><td>П.</td><td colspan="2">о каком? -ом, -ем</td><td>о какой? -ой, -ей</td></tr>
</table>

Имена прилагательные множественного числа в родительном и предложном падежах отвечают на вопрос ***каких?***, ***о каких?*** и имеют окончания ***-ых, -их:***

*толст**ых**, тощ**их**, длинн**ых**, коротк**их***

Имена прилагательные множественного числа в дательном и творительном падежах отвечают на вопросы ***каким?***, ***какими?*** и имеют окончания ***-ым, -им; -ыми, -ими:***

*худ**ым**, высок**им**; худ**ыми**, высок**ими***

Имена прилагательные множественного числа в винительном падеже отвечают на вопрос ***какие?*** и имеют окончания ***-ые, -ие,*** если относятся к неодушевлённым существительным; и на вопрос ***каких?*** — ***-ых, -их,*** если относятся к одушевлённым:

какие? *весёл**ые** лица*

каких? *весёл**ых** ребят*

Полные и краткие формы

Имена прилагательные имеют **полные** и **краткие формы.** Краткие имена прилагательные не склоняются, но изменяются по числам, а в единственном числе — по родам:

жаркий — жарок, жаркая — жарка

жаркое — жарко, жаркие — жарки

В предложении имена прилагательные являются определениями или сказуемыми.

Краткое имя прилагательное в предложении обычно является сказуемым.

Местоимение

Местоимение, в отличие от имени существительного, не называет предмет, а только на него указывает; при этом местоимение отвечает на те же вопросы, что и имена существительные.

Я, ты, он, она, оно, мы, вы, они — **личные местоимения.** Они бывают первого, второго и третьего лица:

Лицо	Местоимение
1-е	*я, мы*
2-е	*ты, вы*
3-е	*он, она, оно, они*

Местоимения третьего лица **единственного числа** изменяются по родам:

мужской род — ***он,***
женский род — ***она,***
средний род — ***оно.***

Форма **множественного числа** — независимо от рода — ***они.***

Местоимения с предлогами пишутся раздельно. У местоимений не бывает приставок.

После предлогов у местоимений третьего лица пишется буква ***н*** (см. таблицы на с. 56).

Склонение местоимений

Падеж		1-е лицо		2-е лицо		3-е лицо		
И.	***кто?***	***я***	***мы***	***ты***	***вы***	***он, оно***	***она***	***они***
Р.	***кого?***	*меня*	*нас*	*тебя*	*вас*	*его*	*её*	*их*
Д.	***кому?***	*мне*	*нам*	*тебе*	*вам*	*ему*	*ей*	*им*
В.	***кого?***	*меня*	*нас*	*тебя*	*вас*	*его*	*её*	*их*
Т.	***кем?***	*мной*	*нами*	*тобой*	*вами*	*им*	*ею*	*ими*
П.	***о ком?***	*обо мне*	*о нас*	*о тебе*	*вас*	*о **нём***	*о **ней***	*о **них***

Склонение местоимений с предлогами

Падеж		1-е лицо		2-е лицо		3-е лицо		
И.	***кто?***	***я***	***мы***	***ты***	***вы***	***он, оно***	***она***	***они***
Р.	***у кого?***	*у меня*	*у нас*	*у тебя*	*у вас*	*у **него***	*у **неё***	*у **них***
Д.	***к кому?***	*ко мне*	*к нам*	*к тебе*	*к вам*	*к **нему***	*к **ней***	*к **ним***
В.	***на кого?***	*на меня*	*на нас*	*на тебя*	*на вас*	*на **него***	*на **неё***	*на **них***
Т.	***с кем?***	*со мной*	*с нами*	*с тобой*	*с вами*	*с **ним***	*с **нею***	*с **ними***
П.	***о ком?***	*обо мне*	*о нас*	*о тебе*	*о вас*	*о **нём***	*о **ней***	*о **них***

Предлог

Предлоги — это слова, которые служат для связи слов в предложении: ***для, до, за, из, без, у, к, в, о, около, об, от, на, над, под, по, с*** и т. д.

Предлоги пишутся раздельно с другими словами в предложении:

Солнце ***в*** *сердце моём.*
Как ***об*** *стену горох.* ***На*** *воре шапка горит.*
По *скольку конфет? —* ***По*** *пять.*

Написание предлогов не зависит от их произношения: предлоги **всегда** пишутся одинаково: ***без, в, вокруг, до, за, из, к, на, над, о, об, около, от, перед, по, под, с, сквозь, близ.***

Предлоги следует правильно употреблять:

войти ***в*** *трамвай — выйти* ***из*** *трамвая*
приехать ***в*** *деревню — уехать* ***из*** *деревни*
зайти ***в*** *магазин — выйти* ***из*** *магазина*
смотреть ***в*** *окно — выглянуть* ***из*** *окна*
пойти ***на*** *улицу — прийти* ***с*** *улицы*
отправиться ***на*** *дискотеку —*
вернуться ***с*** *дискотеки*

В русском языке есть одинаковые по написанию предлоги и приставки: ***в, во, за, на, над, по, под, про, о, об, от, с, со.***

Чтобы отличать предлог от приставки, нужно запомнить, что между предлогом и словом, перед которым он стоит, можно вставить другое слово или вопрос:

Птица ***на*** *ветке.*

Птица ***на (какой?)*** *корявой ветке.*

Расписаться ***в*** *получении.*

Расписаться ***в (чём?)*** *получении.*

Предлоги никогда не стоят перед словами, которые обозначают действия предмета, — глаголами:

что сделал? *стёр,* ***от****вернул,* ***про****сверлил,* ***под****винтил* — эти слова снабжены приставками.

Предлоги ***из-за*** и ***из-под*** пишутся через дефис.

Предлог не бывает членом предложения, он употребляется в предложении вместе с существительным или местоимением и служит для связи слов в предложении.

ОРФОГРАММЫ

Орфограмма — это такое написание в слове, которое соответствует определённому орфографическому правилу или традиции. Например, буква ***т*** в слове *мес**т**ный* пишется не по звучанию, а по орфографическому правилу — это орфограмма.

Орфограммы в словах
можно найти по особым признакам:

- **гласные буквы — *безударные гласные:***
*р**о**са, стр**е**ла, оз**е**ро, гол**о**с, **о**кно* и пр.;
- **согласные буквы — *конец слова:***
*моро**з**, отря**д**, пиро**г**, ло**б**, морко**вь*** и пр.;
- ***скопление согласных:***
*со**лнц**е, серё**жк**а, ле**стн**ица, вку**сн**ый* и пр.;
- ***шипящие*** и ***Ц:***
***ч**асы, **ш**ироко, **ц**иркуль, **ц**ыплёнок* и пр.

По опознавательным признакам проще находить орфограммы в текстах учебника.

Буквенные орфограммы находятся в морфемах — в ***приставке, корне, суффиксе, окончании:***

*н**а**тянуть, оз**е**ро, плат**я**ной, неб**е***

Орфограммы — это не только буквы. Раздельное или слитное написание слова, дефис — это тоже орфограммы.

Правописание проверяемых безударных гласных в корне слова

Для правильного написания безударной гласной в корне слова нужно изменить слово или подобрать однокоренное слово, в котором бы проверяемая гласная находилась под ударением:

*ст**о**роно́ — ст**о́**роны, к**о**ло́ть — к**о́**лет*
*к**о**лосо́к — к**о́**лос, з**о**лото́й — з**о́**лото*
*ч**е**рне́ть — ч**ё**рный, кр**а**снота́ — кр**а́**сный*

Слова с двумя безударными буквами в корне проверяют двумя проверочными словами:

***колосо́к** — к**о́**лос, кол**о́**сья*
***говори́ть** — г**о́**вор, догов**о́**р*
***полоса́тый** — п**о́**лосы, пол**о́**ска*

Безударная гласная может находиться не в корне слова, а в приставке или суффиксе, поэтому нужно помнить правильное написание суффиксов и приставок: ***по-, пере-, про-, под-, -очк-, -ечк-, -еньк-, -оньк-*** и т. д.

Правописание непроверяемых безударных гласных в корне слова

Правописание непроверяемых безударных гласных нужно запоминать:

морко́вь, посу́да, хризанте́ма, велосипе́д
абориге́н, бадминто́н, винегре́т, деликате́с
перифери́я, верниса́ж, дефици́т

> Написание непроверяемых безударных гласных в корне слова **следует проверять по орфографическому словарю.**

Правописание непроверяемых гласных перед суффиксом *-л-* в глаголах прошедшего времени

В глаголах прошедшего времени перед суффиксом ***-л-*** пишется та же гласная, что и в неопределённой форме глагола:

обидеть — обидел, залаять — залаял
лелеять — лелеял

> Написание непроверяемых гласных перед глагольным суффиксом ***-л-*** **следует проверять по орфографическому словарю.**

Правописание проверяемых согласных в корне слова

Для правильного написания согласной в корне слова нужно изменить слово или подобрать такое однокоренное слово, в котором бы после проверяемой согласной стояла гласная или согласные ***л, м, н, р:***

*аген**т**ство — аген**т**, поез**д** — поез**да***
*лё**г**кий — ле**го**нько, улы**б**ка — улы**ба**юсь*
*ни**з**кий — ни**зо**к, сосе**д** — сосе**дн**ий*
*голо**д** — голо**дн**ый, насме**ш**ка — сме**шл**ивый*

Правописание непроверяемых согласных в корне слова

Правописание непроверяемых согласных в корне слова нужно запоминать:

*лес**т**ница, свер**ст**ник, во**к**зал, бей**с**бол*
*те**нн**ис, бе**стс**еллер, фу**т**бол*
*кро**сс**овка, эк**сц**е**сс**, рю**кз**ак, пе**рр**он*

Написание непроверяемых согласных в корне слова **следует проверять по орфографическому словарю.**

Правописание непроизносимых согласных в корне слова

Для правильного написания непроизносимой согласной в корне слова нужно подобрать такое проверочное слово, в котором проверяемая согласная слышится отчётливо:

исландский — Исландия
голландский — Голландия
солнце — солнечный, пастбище — пастух
поздно — опоздал, агентство — агент
честный — честь, счастливый — счастье
местный — место, сердце — сердечный
звёздный — звезда, прелестный — прелесть
грустный — грусть, вестник — весть
крестник — крестить, участник — участие
безмолвствовать — молва

В словах ***вкусный, гнусный, интересный, напрасный, опасный, прекрасный, словесный, ужасный, участвовать, чествовать, яства*** непроизносимых согласных **нет:**

вкусный — вкусен, гнусный — гнусен

Кто букву Д добавил в слово ПРАЗДНИК?
Наверное, какой-нибудь ПРОКАЗДНИК!

(К. Маккаллерс)

Буквы *и, у, а* после шипящих

После шипящих ***ж, ч, ш, щ*** пишутся ***и, у, а*** и никогда не пишутся ***ы, ю, я.***

***А* после шипящих:**

чаща, свеча, счастье, пожар, жаба
шапка, душа, роща, пищать, щавель

***И* после шипящих:**

начинка, чистота, жирный, адажио
шиповник, тишина, чащи, тащить

***У* после шипящих:**

чудо, чужой, чувство, жуть, бонжур
шутка, шум, щупальце, щука, щупать
Но: *брошюра, парашют, жюри, Жюль*

Разделительные Ъ и Ь

Разделительный **ъ** пишется перед буквами ***е, ё, ю, я*** только после приставок, оканчивающихся на согласную (в том числе после иноязычных приставок ***ад-, ин-, интер-, контр-, суб-, транс-*** и др., и после бывших приставок, которые сейчас слились с корнем):

подъезд, подъём, сверхъестественный, съезд
адъютант, объяснить, трансъевропейский

Разделительный ***ь*** ставится перед буквами ***е, ё, ю, я, и*** внутри слова, но не после приставки:

*вороб**ьи**, п**ье**са, обез**ья**на, бур**ья**н*
*интерв**ью**, тер**ье**р, сер**ьё**зный*

Разделительный ***ь*** ставится перед буквой ***о*** в некоторых иноязычных словах, например:

*бул**ьо**н, почтал**ьо**н, котил**ьо**н, батал**ьо**н*

Раздельное написание предлогов с другими словами

Предлог — слово, приставка — часть слова. Предлоги пишутся отдельно от тех слов, перед которыми они стоят:

Я хотел бы забежать за поворот.

После предлога можно вставить другое слово или вопрос, а после приставки нельзя:

без рассуждений — без глупых рассуждений,
но: *безрассудный*

Если поставить слово в именительный падеж, то предлог исчезнет, в то время как приставка всегда будет оставаться на месте:

от ра́дости — им. п. *ра́дость*
отра́ды — им. п. *отра́да*

Правописание *не* с глаголами

Не придаёт глаголу отрицательный смысл. ***Не*** с глаголами пишется раздельно:

***не** спать, **не** есть, **не** слушать, **не** хотеть*
***не** видеть, **не** думать, **не** ждать*

Исключение составляют глаголы, которые не употребляются без ***не:***

***не**взлюбить, **не**взвидеть, **не**волить*
***не**годовать, **не**житься, **не**навидеть*
*(мне) **не**можется, **не**здоровится*
***не**истовствовать*

Перед глаголами не бывает предлогов.

Обозначение мягкости согласных с помощью *Ь*

Чтобы указать на мягкость согласного, стоящего перед другим согласным, и для обозначения мягкости согласного на конце слова пишется ***ь:***

*ко**нь**ки, ба**ть**ка, Ку**зь**ма, тю**рь**ма, пи**сь**мо*
*де**нь**ги, боя**ть**ся, про**сь**ба, куте**рь**ма, ле**нь***
*ко**нь**, го**сть**, скоро**сть**, гво**здь**, фе**рзь**, боле**знь***
*валя**ть**, свети**ть**, же**чь**, глади**ть***

Мягкость *л* перед согласным **всегда** обозначается мягким знаком:

стелька, шельма, больно, скользко

В некоторых случаях мягкий знак для обозначения мягкости между согласными не пишется. Правописание таких слов нужно запоминать и **проверять по орфографическому словарю:**

зонтик, винтик, пестик, листик
мостик, кустик, проснись, усни, песня
ресницы, пенсия, бандит, индеец, индюк

Ь после шипящих в неопределённой форме глагола

В неопределённой форме глагола после буквы *ч* пишется *ь:*

завлечь, беречь, обжечь, запечь, прилечь

Ь после шипящих в глаголах 2-го лица единственного числа

Во 2-м лице единственного числа после *ш* пишется *ь:*

говоришь, думаешь, болеешь, вопишь
бреешься, молишься, шепчешься, бодаешься

Правописание *-тся* и *-ться* в глаголах

В глаголах, отвечающих на вопрос ***что делать? (что сделать?)***, пишется ***-ться*** (с мягким знаком). Глагол при этом стоит в неопределённой форме:

можно ***(что делать?)*** *смеяться*
прекрати ***(что делать?)*** *гнусно ухмыляться*
будем ***(что делать?)*** *веселиться*
должен ***(что сделать?)*** *обернуться*
способны ***(что сделать?)*** *перекувырнуться*

В глаголах, отвечающих на вопрос ***что делает (сделает)?*** или ***что делают (сделают)?***, пишется ***-тся*** (без мягкого знака). Глагол при этом стоит в 3-м лице:

мальчик ***(что делает?)*** *учится*
мальчик ***(что сделает?)*** *выучится*
дети ***(что делают?)*** *смеются*
дети ***(что сделают?)*** *посмеются*
хулиган ***(что делает?)*** *ухмыляется*
хулиган ***(что сделает?)*** *ухмыльнётся*
народ ***(что делает?)*** *веселится*
народ ***(что сделает?)*** *развеселится*

Ь на конце слова после шипящих у существительных

Только у существительных III склонения пишется ***ь*** на конце слова после шипящих. У существительных других склонений на конце после шипящих ***ь*** не пишется:

*лож**ь**, мощ**ь**, вещ**ь**, фальш**ь**, полноч**ь**, молодёж**ь**, плеш**ь*** — III склонение;

чертёж, кирпич, малыш, плащ, смерч, луч, лещ, свищ — **не** III склонение.

Сочетания *нн, нт*, а также *ч* и *щ* с другими согласными буквами

В сочетаниях ***чк, чн, нч, чт, щн, нщ, щр***, а также ***нт*** и ***нн*** мягкий знак для обозначения мягкости **не** пишется.

Мягкие согласные ***щ*** и ***ч*** не имеют парных твёрдых звуков, поэтому мягкость ***щ*** и ***ч*** перед другим согласным не обозначается ***ь***. Согласный ***н*** перед ***щ*** и ***ч*** бывает только мягким, поэтому в сочетаниях ***нч, нщ*** мягкий знак для обозначения мягкости тоже не нужен:

*све**чк**а, подсве**чн**ик, **чт**ение, мо**щн**ый, ба**нт**ик каме**нщ**ик, зако**нч**ить, поо**щр**ять, обезья**нн**ичать*

Правописание гласных в приставках

Гласные в приставках ***до-, за-, на-, над-, об-, от-, пере-, по-, пред-*** всегда пишутся одинаково, независимо от произношения.

Их можно проверить, подобрав другие слова с данной приставкой, в которых бы гласная находилась под ударением:

надписáл — нáдпись

Иногда бывает трудно определить, что писать — приставку ***пре-*** или ***при-***.

Приставка ***пре-***
увеличивает значимость слова: *преодолеть, преуспеть, преувеличение премилый, премного*
Приставка ***при-***
чаще всего означает **при**соединение, **при**ближение к чему-то или **при**бавление: *привинтить, прибить, привести, приходить придать, придумать, примерить, присмотр прилив, пристройка, приземление*

В приставках ***раз- (рас-)*** и ***роз- (рос-)*** под ударением пишется ***о,*** без ударения ***а:*** *рóссыпи — рассы́пать, рóзыск — разы́скивать*

Правописание согласных в приставках

Конечные согласные в приставках (кроме приставок, оканчивающихся на ***-з, -с***) всегда пишутся одинаково, независимо от произношения:

*пре**д**видеть, на**д**строить, о**б**крутить*
*по**д**шутить, на**д**пилить*

Приставка ***с-*** всегда пишется одинаково, независимо от произношения (буква ***з*** в начале слов *здоровье, здесь, здравствуй, здание* и т. д. входит в состав корня):

***с**жечь, **с**беречь, **с**гноить, **с**тереть, **с**дать*

Буквы *з* и *с* на конце приставок

В приставках, оканчивающихся на ***-з, -с (раз-, рас-, без-, бес-, из-, ис-, вз-, вс-, воз-, вос-, низ-, нис-),*** перед звонкими согласными пишется ***з,*** а перед глухими — ***с:***

*ра**з**вести* (перед звонкой *в* — ***з***)
*ра**с**фасовать* (перед глухой *ф* — ***с***)
*в**з**брыкнул* (перед звонкой *б* — ***з***)
*в**с**потел* (перед глухой *п* — ***с***)
*бе**з**грешен* (перед звонкой *г* — ***з***)
*бе**с**козырка* (перед глухой *к* — ***с***)
*и**з**давна — и**с**таять, во**з**глас — во**с**ход*

Буквы *о, а* в корне *-лаг-, -лож-*

В безударном положении в корне ***-лаг-, -лож-*** буква ***а*** пишется, если за корнем стоит суффикс ***-а-;*** буква ***о*** пишется, если за корнем нет суффикса ***-а-:***

*распол**а**гаться — распол**о**житься*
*изл**а**гать — изл**о**жение*
*сл**а**гаемое — сл**о**жение*
*предпол**а**гаемый — предпол**о**жение*

При написании слов с чередованием гласных в корне **не помогут проверочные слова.**

Буквы *о, а* в корне *-раст- (-ращ-), -рос-*

В корне ***-раст- (-ращ-), -рос-*** безударная гласная ***а*** пишется перед ***ст, щ:***

*разр**а**статься — разр**о**слись, выр**а**сти — выр**о**с*
*р**а**стительность — водор**о**сли*
*выр**а**щенный — выр**о**сший*
*вр**а**стать, вр**а**сти — вр**о**сла, вр**о**сли*

Исключения: *р**о**сток, отр**а**сль, подр**о**стковый, Р**о**стов, Р**о**стислав, р**о**стовщик*

При написании слов с чередованием гласных в корне **не помогут проверочные слова.**

Буквы *е, и* в корнях с чередованием

В корнях с чередованием ***е—и (бер—бир, мер—мир, пер—пир, дер—дир, тер—тир, чет—чит, стел—стил, блест—блист, жеч—жиг)*** пишется буква ***и***, если после корня стоит суффикс ***-а-:***

соберу — собирать, умереть — умирать
отпереть — отпирать, обдеру — обдирать
протереть — протирать, вычет — вычитать
застелить — застилать, блестеть — блистать
сжечь — сжигать

Буквы *ё, о* после шипящих в корне

В корне после шипящих под ударением пишется ***ё,*** а не ***о:***

шёлк, чёрточка, щёчка, жёлудь, щёлкать
решётка, чёрный, щёголь

Исключения: *шомпол, шорох, шов, шорты, капюшон, крыжовник, обжора, шоу, шок*

> В некоторых словах после шипящих в безударном положении пишется буква ***о*** — это заимствованные слова с непроверяемой безударной гласной в корне:
> *жонглёр, шоколад, жокей, шофёр, шоссе* и др.
>
> Написание таких слов **проверяют по орфографическому словарю.**

Буквы *и*, *ы* после *Ц*

В корне слова после ***Ц*** пишется буква ***и:***
*нарц**и**сс, ц**и**ркуль, ц**и**новка, панц**и**рь, ц**и**трус*

Исключения: *ц**ы**ган, ц**ы**плёнок, ц**ы**кнуть, ц**ы**ц, на ц**ы**почках*

В словах, оканчивающихся на ***-ция,*** после ***Ц*** пишется буква ***и:***
*сигнализа**ция**, авиа**ция**, ферента**ция***
*презента**ция**, вариа**ция**, резерва**ция***
*экспеди**ция**, коллек**ция**, редак**ция**, экзеку**ция***

В окончаниях и суффиксах после ***Ц*** пишется буква ***ы:***
*бледнолиц**ы**й, куц**ы**й, отц**ы**, ящериц**ы***
*умниц**ы**, лисиц**ы**н, сестриц**ы**н, падчериц**ы**н*

Написание имён и фамилий соответствует сложившимся традициям:
Люций, Ельцин, Курицын, Солженицын

Буквы *е* и *и* в окончаниях имён существительных (ед. ч.)

Окончание ***-е*** пишется у существительных I склонения в дательном и предложном падежах (кроме существительных, оканчивающихся на ***-ия***), у существительных II склонения в предложном падеже (кроме существительных, оканчивающихся на ***-ий, -ие***):

*идти по алле**е*** (I скл., дат. п.)

*сидеть в галере**е*** (I скл., пр. п.)

*в ущель**е*** (II скл., пр. п.), *в ине**е*** (II скл., пр. п.)

Окончание ***-и(-ы)*** пишется у существительных I склонения в родительном падеже, у существительных III склонения в родительном, дательном и предложном падежах:

*ни одной лужайк**и*** (I скл., род. п.)

*у синиц**ы*** (I скл., род. п.)

*от любв**и*** (III скл., род. п.)

*к радост**и*** (III скл., дат. п.)

*о подлост**и*** (III скл., пр. п.)

Окончание ***-и*** пишется у существительных женского рода на ***-ия*** в родительном, дательном и предложном падежах, а также у существительных мужского рода на ***-ий*** и среднего рода на ***-ие*** в предложном падеже:

*из дискусси**и*** (на ***-ия,*** род. п.)

*к экскурси**и*** (на ***-ия,*** дат. п.)

*в арми**и*** (на ***-ия,*** пр. п.)

*о гени**и*** (на ***-ий,*** пр. п.), *о пени**и*** (на ***-ие,*** пр. п.)

О и *е* в окончаниях существительных (ед. ч.) после шипящих и *Ц*

После шипящих и ***Ц*** в окончаниях существительных под ударением пишется буква ***о,*** без ударения — ***е:***

*падеж**о́**м, малыш**о́**м, продавц**о́**м, луч**о́**м*
*учени́ц**е**й, блю́дц**е**м, това́рищ**е**м, се́рдц**е**м*

О и *е* в окончаниях прилагательных (ед. ч.) после шипящих

После шипящих в окончаниях прилагательных под ударением пишется буква ***о,*** без ударения — ***е:***

*чуж**о́**му, больш**о́**го, меньш**о́**му (*но: *ме́ньш**е**му)*
*горя́ч**е**м, у́мерш**е**го, ожи́вш**е**му, лу́чш**е**му*

Безударные гласные в окончаниях имён прилагательных (ед. ч.)

Имена прилагательные женского рода в родительном, дательном, творительном и предложном падежах имеют окончания ***-ой, -ей.*** В винительном падеже имена прилагательные женского рода имеют окончание ***-ую, -юю:***

*стар**ой** лодки* (род. п.), *стар**ой** лодке* (дат. п.)
*стар**ой** лодкой* (тв. п.), *в стар**ой** лодке* (пр. п.)

*с ранн**ей** осени* (род. п.), *к ранн**ей** осени* (дат. п.)
*с ранн**ей** осенью* (тв. п.), *о ранн**ей** осени* (пр. п.)
*стар**ую** лодку* (вин. п.), *ранн**юю** осень* (вин. п.)

В творительном падеже имена прилагательные мужского и среднего рода имеют окончание ***-ым, -им:***

*голуб**ое** небо — голуб**ым** небом*
*голуб**ой** снег — голуб**ым** снегом*
*син**ее** небо — син**им** небом*
*син**ий** снег — син**им** снегом*

В предложном падеже имена прилагательные мужского и среднего рода имеют окончание ***-ом, -ем:***

*голуб**ое** небо — о голуб**ом** небе*
*голуб**ой** снег — о голуб**ом** снеге*
*син**ее** небо — о син**ем** небе*
*син**ий** снег — о син**ем** снеге*

Краткие прилагательные с основой на шипящую

У кратких прилагательных с основой, оканчивающейся на шипящую, мягкий знак на конце **не** пишется:

*воню**ч**_, паху**ч**_, драму**ч**_, могу**ч**_, то**щ**_*
*жгу**ч**_, горя**ч**_, колю**ч**_*

Буквы *е* и *и* в безударных окончаниях глаголов I и II спряжений

Если глагол имеет безударное личное окончание, нужно поставить глагол в неопределённую форму и определить, какая гласная стоит перед ***-ть.***

Ко II спряжению

относятся глаголы, которые в неопределённой форме оканчиваются на ***-ить:***

*гово**рить**, дру**жить***

Исключения: к I спряжению относятся глаголы ***брить, стелить***

К I спряжению

относится большинство глаголов, которые в неопределённой форме оканчиваются на ***-ать, -ять, -еть, -ыть, -оть, -уть:***

*коп**ать**, улыб**ать**ся, стрел**ять**, сме**ять**ся*

*тер**еть**, д**еть**ся, ст**ыть**, м**ыть**ся*

*кол**оть**, бор**оть**ся, тон**уть**, об**уть**ся*

Глаголы-исключения, относящиеся ко II спряжению: на ***-ать — гнать, держать, дышать, слышать;*** на ***-еть — вертеть, видеть, зависеть, ненавидеть, обидеть, смотреть, терпеть.***

СЛОВОСОЧЕТАНИЕ

Словосочетание — это два слова, которые связаны между собой по смыслу. Одно слово в словосочетании зависит от другого.

Например, в предложении: *В темноте прячутся злобные карлики* — два словосочетания:

1. *Карлики **(какие?)** злобные;*
2. *Прячутся **(где?)** в темноте.*

Подлежащее и сказуемое не образуют словосочетания.

Словосочетание состоит из двух частей: ***главной*** и ***зависимой.***

Зависимое слово связывается с главным по смыслу. Смысловая связь устанавливается по вопросу, который ставится от главного слова к зависимому, например:

*Карлики **(какие?)** злобные.*

Зависимое слово связывается с главным не только по смыслу, но и грамматически. Эта связь слов чаще всего выражается с помощью окончания или окончания и предлога:

*Прячутся **(где?)** **в** темнот**е**.*

ПРЕДЛОЖЕНИЕ

Предложение — это слово или несколько слов, которые выражают законченную мысль:

Осень. Землю устилает ковёр из опавшей листвы. Всё замерло.

Первое слово в предложении пишется с большой буквы. В конце предложения обычно ставится точка, восклицательный или вопросительный знак. По ***цели высказывания*** предложения бывают **повествовательные, вопросительные** и **побудительные.** Предложения, в которых о чём-либо сообщается, называются **повествовательными;** в которых содержится вопрос — **вопросительными;** в которых содержится побуждение к действию, приказ или просьба — **побудительными.**

Если в предложении выражается какое-либо сильное чувство — радость, горе, изумление и т. п., независимо от цели высказывания предложения становятся **восклицательными** по интонации. В конце повествовательных и побудительных восклицательных предложений вместо точки ставится восклицательный знак.

Слова в предложении грамматически связаны друг с другом. От одного члена предложения к другому может быть поставлен вопрос: *Петя ловит в пруду толстых лягушек. — Петя* ***(что делает?)*** *ловит. Ловит* ***(кого?)*** *лягушек. Лягушек* ***(каких?)*** *толстых.*

Члены предложения

Главные члены **подлежащее** и **сказуемое** составляют грамматическую основу предложения. Грамматическая основа может состоять и из одного главного члена — подлежащего или сказуемого, например:

Туман. Темнеет. Чищу овощи для щей.

Подлежащее — главный член предложения, обозначает главное действующее лицо или предмет.

Подлежащее отвечает на вопросы ***кто?*** или ***что?***.

Обычно подлежащее выражается именем существительным или местоимением в именительном падеже. Оно связано со сказуемым грамматически и по смыслу. При разборе предложения подлежащее подчёркивается одной чертой: *На комод забрался ёжик (В. Катаев).*

Сказуемое — главный член предложения, называющий действие, состояние или признак подлежащего.

Сказуемое отвечает на вопросы ***что делает предмет?, каков (какой) предмет?, что такое предмет?, кто такой?***.

Обычно сказуемое выражается глаголом; оно также может быть выражено именем существительным и именем прилагательным:

Мышка спит. Книга увлекательна.

Ученье — свет. Мой сосед — милиционер.

Если оба главных члена предложения выражены именами существительными в именительном падеже, то между ними ставится тире:

География — наука о Земле.

Разум — это мой паровоз.

Предложения, состоящие только из главных членов, называются **нераспространёнными.** Предложения, которые, кроме главных членов, имеют даже всего один второстепенный член, называются **распространёнными.**

Подлежащее и сказуемое — это главные члены предложения. Остальные члены предложения являются второстепенными.

Второстепенные члены предложения поясняют подлежащее, сказуемое или другой второстепенный член, например:

Собака воет. — Облезлая собака воет на луну морозной зимней ночью.

Слова в предложении связаны друг с другом по смыслу. Для того чтобы найти эту связь, нужно ставить вопросы от одного слова к другому:

Собака ***(какая?)*** *облезлая; воет* ***(на что?)*** *на луну; воет* ***(когда?)*** *ночью; ночью* ***(какой?)*** *морозной, зимней.*

Второстепенные члены предложения — это **дополнения, определения, обстоятельства.**

Второстепенный член предложения, отвечающий на вопросы косвенных падежей и обозначающий предмет, называется **дополнением.**

Обычно дополнения выражаются именем существительным или местоимением в косвенном падеже. Дополнение подчёркивается прерывистой чертой:

Кошка порезала лапу. Дети вымыли класс.

Дополнений может быть несколько:

Никому ничего не скажу насчёт двойки.

Второстепенный член предложения, отвечающий на вопросы ***какой?, чей?*** и обозначающий признак предмета, называется **определением.**

Обычно определения выражаются именем прилагательным. Определение подчёркивается волнистой чертой.

Спит толстая кошка. Висит зелёное пальто.

Второстепенный член предложения, отвечающий на вопросы ***где?, когда?, куда?, откуда?, почему?, зачем?*** и ***как?***, и обозначающий место, время и способ действия предмета, называется **обстоятельством.**

Обычно обстоятельства выражаются наречием или именем существительным в косвенном падеже. Обстоятельство подчёркивается прерывистой, с точками чертой:

А кошка отчасти идёт по дороге, отчасти по воздуху плавно летит (Д. Хармс).

Однородные члены предложения отвечают на один и тот же вопрос и относятся к одному и тому же члену предложения. Они не зависят друг от друга и связываются между собой интонацией перечисления или союзами ***и, а, но.***

Однородными членами могут быть любые члены предложения — и главные, и второстепенные. Однородные члены предложения отделяются друг от друга запятыми:

Костёр горит, *дымит.*

Костёр не горит, *а дымит.*

Костёр дымит, *но не горит.*

Запятая между двумя однородными членами предложения не ставится, если они соединены союзом ***и:***

Костёр горит ***и*** *дымит.*

Обобщающие слова при однородных членах являются для них общими по значению. После обобщающего слова, стоящего перед однородными членами, ставится двоеточие:

Я кладу в рюкзак разные ***вещи:*** *куртку, брюки, ботинки, носки, ложку, тарелку, кружку и палатку.*

Простое и сложное предложения

Простое предложение имеет одну грамматическую основу. **Сложное предложение** состоит из двух или нескольких простых предложений.

Дети смотрят на фокусника (простое предложение).

Дети смотрят на фокусника, он машет им рукой (сложное предложение).

Дети смотрят на фокусника, он машет им рукой, а его ассистентка в это время запихивает кролика в цилиндр (сложное предложение).

Предложения, входящие в состав сложного предложения, связаны между собой по смыслу и интонацией. По способу соединения простых предложений сложные предложения бывают **союзные** и **бессоюзные.** На письме простые предложения в составе сложного разделяются запятой.

Раздался приглушённый вопль, мешок зашевелился и ловко пихнул паука (бессоюзное сложное предложение). *(Дж. Р. Р. Толкин)*

Белые вёсла с плеском погрузились в воду, ***и*** *корабли медленно отошли от причала* (сложное предложение с союзом ***и***). *(Дж. Р. Р. Толкин)*

Он дрожал от страха, ***но*** *лицо его выражало твёрдую решимость* (сложное предложение с союзом ***но***). *(Дж. Р. Р. Толкин)*

Хоббит стоял у серого валуна, ***а*** *гномы недоверчиво смотрели на него* (сложное предложение с союзом ***а***). *(Дж. Р. Р. Толкин)*

ПРЯМАЯ РЕЧЬ

Слова какого-либо лица, передаваемые от его имени, — это **прямая речь.** Прямая речь обычно сопровождается авторскими словами, указывающими на лицо, от имени которого она произносится. Прямой речью могут быть слова и мысли персонажей или самого автора, иначе говоря — это «чужие» слова, дословно воспроизводимые в тексте автора.

Я их спрашиваю: «Вы чего между собой сплетничаете, о чужих тайнах болтаете?» (С. Лагерлёф)

Прямая речь выделяется кавычками, её первое слово пишется с большой буквы.

Если слова автора предваряют прямую речь, то перед прямой речью ставится двоеточие.

А мальчик подумал: «Плевать мне на тебя! Я докажу, что не боюсь ворон!» (С. Лагерлёф)

Он сказал ему: «Если хочешь быть совершенным, пойди продай имение твоё, и раздай нищим, и будешь иметь сокровище на небесах; и приходи, и следуй за мной». (С. Лагерлёф)

Если прямая речь предваряет слова автора, то после прямой речи ставится вопросительный или восклицательный знак перед кавычками, или запятая после кавычек, а слова автора и прямую речь разделяет тире.

«Где же это я?» — подумал он, вставая на ноги. (С. Лагерлёф)

«Нет, не нравится мне это. Попытался бы кто-нибудь поговорить с ней, узнал бы, отчего она там стоит», — размышляла мадемуазель Жакетта. (С. Лагерлёф)

Если слова автора в предложении находятся между прямой речью, то перед словами автора ставится тире, после — точка и тире; кавычки открываются в начале предложения и закрываются в конце. Если вторая часть прямой речи не является самостоятельным предложением, после слов автора ставятся запятая и тире, а вторая часть прямой речи начинается с маленькой буквы.

«Вот оно что! Да ведь это король! — ужаснулся Нильс и даже съёжился под шляпой. — А я его чучелом обозвал!..» (С. Лагерлёф)

«Надо, — думает, — окна покрасить, потому как весна, и опять же года три как не крашены рамы». (М. Либин)

ДИАЛОГ

Диалог — это разговор двух или нескольких лиц.

Реплика каждого лица, участвующего в диалоге, начинается с новой строки, перед ней ставится тире:

— *Яму копал?*
— *Копал.*
— *В яму упал?*
— *Упал.*
— *В яме сидишь?*
— *Сижу.*
— *Лестницу ждёшь?*
— *Жду.*
— *Яма сыра?*
— *Сыра.*
— *Как голова?*
— *Цела.*
— *Значит живой?*
— *Живой.*
— *Ну, я пошёл домой.*

(О. Григорьев)

Если фраза сопровождается словами автора, ставятся те же знаки препинания, что и в прямой речи:

— *Вот так раз! — говорит королева. — Кабаны по столице шныряют! (М. Либин)*

— *Что у него в кармане? — прошипел Горлум, с плеском выпрыгнув из лодки. (Дж. Р. Р. Толкин)*

ОБРАЩЕНИЕ

Обращение — это слово или сочетание слов, называющие того, к кому обращается фраза.

Обращение при произношении выделяется интонацией — тон сначала повышается, затем понижается:

— *Как тебе, ↗**лентяй**↘, не лень бить баклуши целый день? (Я. Бжехва)*

Обращения на письме выделяются запятыми. Если обращение стоит в начале предложения и произносится с восклицательной интонацией, после него ставится восклицательный знак.

*Наталия Владимировна**!** Бегите к телефону!*

*Наталия Владимировна**,** быстрее к телефону.*

*Быстрее к телефону**,** Наталия Владимировна.*

ТЕКСТ

Текст — это два или более предложений, связанных по смыслу.

То, о чём говорится в тексте, — это **тема;** именно тема объединяет предложения в текст.

Основная мысль текста — это самое важное, что имел в виду автор. Основная мысль текста тесно связана с темой. Например, текст рассказывает о жизни первобытных людях — это тема текста, а основной мыслью такого текста может быть, к примеру, «становление личности при первобытнообщинном строе».

Текст-повествование отвечает на вопросы ***что случилось?, что произошло?*** и рассказывает о том, что произошло.

Именно в эту минуту дракон вылез из-под моста. Он прятался глубоко в реке, у дальнего берега. Он выдохнул могучую струю пара, потому что выпил немало воды. Образовался густой туман, в котором сверкали только красные глаза дракона.

— Домой, дурни! — загремел он. — Или я разорву вас всех в клочья.

(Дж. Р. Р. Толкин)

В те дни Маэдрос, сын Феанора, воспрял духом, узнав, что Моргот не так уж непобедим: ибо по всему Белерианду воспевались в песнях подвиги Берена и Лучиэнь. И вот начал Маэдрос воплощать свои замыслы и объединять эльдаров для новых побед; и созданный им союз был назван Союзом Маэдроса.

(Дж. Р. Р. Толкин)

Текст-описание описывает людей, животных, события, предметы. К такому тексту можно поставить вопросы ***какой?***, ***какая?***, ***какое?***.

В пещеру вело много коридоров; они пошли по одному из них и вскоре увидели чудесный родник, дно которого было выложено сверкающими, как иней, кристаллами. Родник протекал в самом центре какой-то высокой пещеры; ее стены подпирались рядами фантастических колонн, создавшихся благодаря слиянию больших сталактитов со сталагмитами в результате многовекового падения капель воды. Под сводами этой пещеры огромными гирляндами висели летучие мыши, по нескольку тысяч в каждой.

(М. Твен)

Текст-рассуждение объясняет причины событий, явлений. К такому тексту можно поставить вопрос ***почему?***.

Когда солнечному свету приходится пробиваться сквозь густое переплетение ветвей, чтобы коснуться земли, он становится кротким и мягким. И цветы, которые он вызывает к жизни, никогда не бывают крикливо-яркими. Все они либо блёкло-белые, либо бледно-голубые и светло-жёлтые. Кабы они не появлялись так рано и их не было так много, ни один человек не заметил бы их.

(С. Лагерлёф)

СОДЕРЖАНИЕ

Издательский Дом «Литера»
приглашает к сотрудничеству авторов
Телефоны редакции: (812) 560-8684, 325-4741
E-mail: publish@litera.spb.ru
http://www.litera.spb.ru

По вопросам реализации обращаться
в Санкт-Петербурге: (812) 441-3649, 441-3650
E-mail: sales@litera.spb.ru
в Москве: (495) 641-2322, 912-3128
E-mail: mail@litera.inc.ru
в Екатеринбурге: (343) 368-7520
E-mail: litera-ural@list.ru

Ушакова Ольга Дмитриевна

ПРАВИЛА РУССКОГО ЯЗЫКА
Орфограммы для учащихся 1—6 классов

Редактор *О. Диль*
Обложка *Г. Лютикова, И. Могутова, З. Смирнова*
Верстка *В. Решетников*

Подписано в печать 20.09.10. Формат $60 \times 90^{1}/_{16}$.
Печать офсетная. Гарнитура Таймс. Усл. печ. л. 6,0.
Тираж 10 000 экз. Заказ № 4260.

ООО «Издательский Дом „Литера“»
192131, Санкт-Петербург, Ивановская ул., 24

Отпечатано в полном соответствии с качеством предоставленных издательством материалов в ОАО «Тверской ордена Трудового Красного Знамени полиграфкомбинат детской литературы им. 50-летия СССР».
170040, г. Тверь, проспект 50 лет Октября, 46.